Heinrich Preschers

Die Räuber im Walde

Ein Vorspiel mit Gesang

Heinrich Preschers

Die Räuber im Walde
Ein Vorspiel mit Gesang

ISBN/EAN: 9783743437685

Hergestellt in Europa, USA, Kanada, Australien, Japan

Cover: Foto ©ninafisch / pixelio.de

Weitere Bücher finden Sie auf **www.hansebooks.com**

Ludwig Erdmanns

ſämmtliche

Schauſpiele,

auf dem Theater zu Saarbrück

aufgeführt.

PRAG.

Gedruckt u. Verlegt bey Joſeph Emanuel Diesbach

in der Altſtadt auf den kleinen Ringl.

Nro. 225.

Inhalt.

Die
Räuber im Walde.

Ein vorspiel, mit Gesang.

Prag,
Gedruckt u. verlegt bey Joseph Eman. Diesbach
in der Altstadt auf dem kleinen Ringl.
Nro. 285.

1786

Vorbericht.

Hätte gerne Mutter Anne hinten im Chor mit singen lassen; aber ich war einmal in einer grossen Gesellschaft, wo viele alte Weiber zugegen waren; sah' und hörte wie's so schaal hergieng, wenn ein altes Weib sang: das eine zerte das Maul bis an die Ohren, und das andre vermalte ihre Augen mit Eyerweiß, wie ein abgestochenes Kalb. Es sahe häßlich aus! Nun, es mag also bleiben, um keinen Eckel zu machen. Leben Sie wohl!

Ludwig Erdmann.

Per=

Personen.

von Wohlgemuth, einer aus dem Geschlechte der vertriebenen Franzosen.

von Wohlgemuth, unter dem Namen Anne, seine Mutter.

von Wohlgemuth, unter dem Namen Gretchen, seine Schwester.

Kaspar,	)	
Jürge,	)	
Hanns,	)	Räuber.
Mathias.	)	

(Die Bühne ist ein Wald, im Grunde brennet ein Feuer, über demselben ein Spieß mit einen Braten; es ist Nacht, Und der Mond ist über ihnen zu sehen.

Er=

Erster Auftritt

Kaspar. Gretchen. Jürge. Anne, Philip. Hans. Mathias.

(Sie sitzen auf der Erde, neben ihnen liegen Pistolen, Spieß- und Seitengewehre.

Chor.

Wer wünschet sich nicht in den Wald,
Zu einer solchen frohen Zeit;
Da uns der Mond die Sonne bald,
Mit ihrer stolzen Schönheit freut?

Wer störet die beglückte Nacht,
Die uns mit Dunkelheiten schützt;
Wer unsern Raub, wer unsre Macht,
Wenn Winde ziehn und Wetter blitzt?

Ein

Ein leeres Nichts: ein' Phantasie
Stört wohl in uns die süße Ruh'!
Doch, großer Geister Melodie,
Ist: stehle viel und raube zu.

Kaspar.

Nun, Gretchen! Unser Morgenopfer ist vorbey: Hast du den Braten bald fertig?

Gretchen.

Ey, was denkst du? er ist ja erst an den Spieß gekommen. Du wirst ihn doch nicht roh essen wollen?

Kaspar.

Nun, so mach', daß er fertig wird. Mich hungert: und wir möchten auch hernach, wenn der Tag anbricht, gestört und überfallen werden.

Gretchen.

Ach! du hast nur immer mit deiner Zaghaftigkeit zu thun: In den Wirthshäusern hast du das größte Maul; und wenns zur That kömmt, so läufst du doch am ersten davon. Ich bin nur ein Frauenzimmer, aber sieh, (nimmt eine Pistole) wenn mich jemand in meinem Raub stören wollte, Schnur gerade jagte ich ihm die Kugel durch den Kopf!

Kas-

Kaspar.

Du, mach' keinen Spaß! sie ist geladen! Warte, wenn wir wieder auf eine Eroberung ausgehen, dann sollst du unschuldig genug zum Federlesen kommen. Daß ist ein verzweifeltes Mädchen! sie hat Courage, wie ein Husar!

Gretchen.

Es wäre mir leid, wenn ich so bange wie du seyn sollte. Was wetten wir, Kaspar! die erste Eroberung, die wir wieder unternehmen, führe ich ganz allein aus.

Kaspar.

Du? du willst sie ganz allein ausführen?

Gretchen.

Ja, ja, ich! kundschaftet nur aus, wo was zu holen ist: Ihr sollt sehen, daß ich nicht Weib, sondern Mann bin.

Philip.

Das wäre doch 'n verfluchter Streich!

Jürge.

Ich glaube, die muß schon mehrmalen auf einen Fang ausgewesen seyn. Aber, Gretchen, wenn du darzu Lust hast, ich weiß etwas: wenigstens fünfhundert Gulden.

Gretchen.

Das wäre! Wo?

Jürge.

Fünf Stunden von hier, bey dem Pfarrer in Recklingshausen; Wie ich vorgestern so lange ausblieb, habe ich's, mit Gunst es anzuzeigen, ausgekundschaftet.

Gretchen.

Gut: Uebermorgen will ich's euch verschaffen. Heute wollen wir Rasttag halten, und morgen haben wir den Müller einen guten Abend zu bieten.

Hans.

Das ist nichts, Gretchen! wollen wir uns denn mit Gewalt selbst verrathen?

Mathias.

Nein, bei meiner Seele nicht! Wir sind schon wirklich verrathen, und da hat er heimlich um die Häscher geschickt, die schlafen schon zwey Nächte auf seiner Mühle.

Jürge.

Die anderthalb Häscher werden wir doch wohl mit Erlaubniß darein zu reden, übermannen? Unser sind sieben, und wir sollten uns vor vier elende Kerls fürchten?

Hans.

Und eben so viele Knechte! Nein, Jürge, das geht nicht! Wir könnten bey dieser Gelegenheit gefangen genommen werden —

Ma=

Mathias.

Und um unsre besten Hälse kommen. Wir sind in diesem Walde sicher, niemand weiß unsern Aufenthalt, und wir sollten uns mit Muthwillen in Gefahr begeben? Nein, Kameraden, das geht nicht! — Für allen Dingen müssen wir auf unsre Sicherheit bedacht seyn; und alsdann auf einen Vorrath des Lebens.

Kaspar.

Bey all dem Geschwätze wird wahrhaftig unser Braten nicht fertig. Komme, mich hungert, wir wollen Holz herbey holen, sonst können wir bis am hellen Tag hersitzen.

Gretchen.

Je nun, so geht! wer hält euch denn?

Kaspar.

Nun, so komme — komme!

Gretchen.

(zieht Kaspar auf die Seite, und sagt heimlich.)

Daß du dich nur in Acht nimst, und nicht zu Schaden kömmst.

Kaspar.

Sey unbesorgt, Gretchen, ich will mich schon in Acht nehmen. (er sieht Gretchen starr an) Nun? giebst du mir keinen Kuß auf dem Weg?

Gretchen.

Nun denn, da hast du einen! (küßt ihn.) Komm bald wieder.

Kaspar.

So bald wir fertig sind. (ab.)

Jürge.

Bekomme ich nicht auch einen Kuß?

Gretchen.

Ich glaube, ihr seyd nicht richtig im Kopfe! Bedenkt doch, wie abgeschmackt es aussehen würde, wenn ein junges Mädchen einem alten Mann einem Kuß gebe. Ihr sollt so lange einen Kuß gut behalten, bis ich Appetit bekomme, euch einen zu geben.

Jürge.

Das ist, mit erlaubniß zu melden, auf gut Deutsch, und so lange der verbesserte Kalender existirt, ein Korb. Nun, ich bedanke mich, allerliebstes Herzchen. Aber ein Handkuß ist mir doch auf ihre schneeweiße, marmorne Hand erlaubt? (küßt ihre Hand) Das schmeckt, bey der Venus geschworen, wie Zucker und Ambrosia! He, he, he, he!

(geht den andern nach.)

Zwey=

Zweyter Auftritt.

Anne. Gretchen.

Gretchen.

(da sie bemerkt, daß sie alle fort sind, tritt sie zu ihrer Mutter, welche die ganze Scene ganz betrübt da gestanden.)

Habe ichs so nicht recht gemacht, liebe Mama? Nun denken sie, ich bin recht auf ihrer Seite; und so bald ich nur entwischen kann, sobald geschiehts.

Anne.

(mit Schmerz.)

Aber, liebes Kind, hüte dich, daß sie dich nicht erwischen: Ich bin eine alte Frau, mit mir können sie nichts anfangen.

Gretchen.

Das glauben Sie, Mama; aber ich glaube das Gegentheil. Ich rathe ihnen, sich je eher je lieber fort zu machen.

Anne.

Das wird Mühe kosten, mein Kind! wie bringe ich's zu Wege? wie fange ich's an? Werden sie nicht glauben, daß ich sie verrathe?

Gretchen.

Sie haben ja gehört, daß wir übermorgen auf einen Raub ausgehen wollen: Sie gehen mit uns. Wenn die Räuber nun wollen, daß ich in das Pfarrhaus gehen soll, will ich sagen und vorgeben, daß ich ohne sie nichts ausführen könnte; und wenn sie die Ursache wissen wollen, so lassen sie mich nur machen: ich werde den Spitzbuben allen eine Nase drehen.

Anne.

Aber, wer wird sich unser annehmen, meine Tochter?

Gretchen.

Der Pfarrer selbst, liebste Mutter.

Anne.

Aber, wie?

Gretchen.

(singt.)

Ich sage Mathias mit Freuden.
Daß ich des Pfarrers Köchin kenn';
Die andern müssen es wohl leiden,
Wenn ich ihn unsern Obrist nenn'
Er selbst muß uns dorthin begleiten,
Wo wir von allem Zwange frey.

Für

Für unsre Ehre wollen streiten.
Dies ist der Schluß, es bleibt dabey!

Anne.

Sie werden uns aber nicht glauben, liebes Kind.

Gretchen.

(singt.)

Warum? hab' ich nicht ihr Vertrauen,
Als eine die zu rauben weiß?
Ich sehe dabey gar kein Grauen;
Wenn ich ein Mutter von sie reiß.
Ich gebe gerne Leib und Leben,
Für unser beyde Ehre hin:
Dies war vom Anfang mein Bestreben;
Und noch besitz ich diesen Sinn.

Haben si's nun gehört, liebste Mama, daß meine Gründe, die ich habe, wichtig sind, auf meinen Entschluß zu beharren? Wir sind an unserm Unglücke nicht selbst schuld: Unser Graf, der gewiß noch dafür büssen muß, hat uns durch seine Tyranney zu Unglücklichen gemacht. Gott aber wird uns gewiß helfen. Die größte Noth hat uns zu diesem Stand gebracht; und wenn wir nicht Hunger sterben wollten, so waren wir, ohne alle andre Aussicht, genöthigt denselben zu wählen; aber die Vorsicht wird uns gewiß schützen, daß wir darinn nicht umkommen. Wenn wir zu dem Pfarrer von Reutlingerhausen kommen, müssen wir ihm unsre Verfolgung erzählen; das Mitleid wird ihn überfallen, und hiedurch sind wir gerettet, — Das Dorf ist groß — und Mitten auf dem Pfarrhof hängt eine Sturmglocke, die wir zu unsrer Sicherheit läuten können: Die Bauern werden zusammen kommen wir werden durch Sie befreyet, der Pfarrer in Sicherheit gesetzt, und die Räuber zerstreuet werden.

Anne.

Werden wir uns aber nicht einer grossen Gefahr aussetzen, meine Tochter?

Grätchen.

Sorgen sie nicht, Mama! Mein Herz sage mir, daß wir glücklich werden: — sie kommen — Nehmen sie doch, wie ich, eine heitre Miene an, daß wir ja nicht dadurch die Trübe verrathen werden.

(sie trillert ein Lied)

Drit-

Dritter Auftritt.

Die Vorigen. Kaspar Jürge. Philip. Hans. Mathias.

(jeder von ihnen bringt Holz)

Chor.

Der Braten bey'm Feuer!
Das Holz ist nicht theuer!
Wir brennen und sengen bis in unsern Tod!
Seyd frölich ihr Brüder!
Singt lustige Lieder!
Vielleicht heißt es morgen schon Gnade bey Gott!

Brod, Käse und Butter!
Ist auch ein gut's Futter!
Wir essen und trinken in Jubelgesang!
Vlleicht sehn die Raben!
Uns morgen begraben!
dann hören wir nicht mehr den Krähkräh-Geklang!

Grätchen.

Ihr könnt euch gut trösten. Wenn ihrs, bis an das Ende eures Lebens so gut habt, dann seyd ihr glückliche Menschen.

Matias.

Was gebt uns denn ab'! Nichts: Wir haben Brod, bis in Todt.

Jürge.

Ja, das ist wahr; aber zu Zölten möchte ich's gerne mit einem andern vertauschen: Ich weis die liebe Zeit, daß mir's gar nicht hat schmecken wollen. — Wenn aber nur, mit Erlaubnüß zu reden, die Einigkeit unter uns herschte —

Gretchen.

Das ist sehr leicht einzurichten. Wählet unter einen, der Herr über alle ist, dann muß die Einigkeit gleich statt finden. Zur Probe der Bescheidenheit: Wer kann mir den besten Rath geben, wie ich übermorgen am geschicklichsten in das Pfarrhaus komme?

Mathias.

Das ist eine Kleinigkeit. Du und deine Mutter, ihr müßt beyde zu ihm gehen, und die Waaren die wir von dem Galanteriehändler erobert haben, Stück vor Stück zum Verkauf anbieten:

In-

Indeß die eine verkauft, muß die andere Gelegenheit absehen, woher er das Geld nimmt.

Gretchen.

Der Einfall ist gut, und auch nicht gut: Wer kann sich verbürgen und uns dafür stehen, daß der Galanteriehändler nicht schon dort war und seinen Verlust bekannt gemacht hat? — Ich will euch einen andern Vorschlag thun: — Ich und meine Mutter kennen des Pfarrers Köchin, wenn wir bald bey dem Orte sind, dann laßt ihr uns ganz allein hinein gehen; und auf den Abend, wenn alles schläft, macht ihr euch herbey, und öfnet die Pforte, daß wir heraus können; wir wollen schon sehen, daß wir nicht ohne Beute abmarschiren.

Jürge.

Bravo! Bravo! daran hätte ich, mit Erlaubnüß es zu bekennen, nicht einmal gedacht. Bravissimo! Bravissimo!

Mathias.

Kameraden! ich bin bey meiner Seele nicht ehrgeitzig! Wollt ihr wie ich, so muß Gretchen noch heute unsre Anführerinn! werden.

Gret=

Gretchen.

Uebereilt euch nicht, es möchte euch reuen ich möchte nicht gerne sehen, daß meine Strenge unter euch einen Zwiespalt erregte.

Mathias.

Es trift so wohl den einen wie den andern. Da keine Furcht ist, kann keine Ordnung seyn. Du bist und bleibst unter uns die Befehlshaberinn. Itzt wollen wir essen, und dann deine Gesundheit trinken.

(sie setzen sich auf die Erden und Kaspar holt den Wein)

Philip.

Haben wir noch Wein?

Jürge.

Noch acht Maas.

Gretchen.

An wem ist die Reihe einzukaufen?

Kaspar.

An mir.

(sie essen)

Gretchen.

Du must hier bleiben, du hast übermorgen einen harten Tag. Hans muß deine Stelle vertreten: Vor acht Tagen wollte der Beamte Brömsberg schon mit seinen Leuten verreisen; erkundige dich, ob er weg ist, und wie lange er wohl ausbleibt.

Hans.

Es ist natürlich, als wenn's verrathen wäre; die Zeit, da er reisen sollte, war schon vor vierzehn Tagen.

Mathias:

St! — — was ist das?

Grechen.

Nun, was giebt's?

Mathias.

Ich hör' jemand kommen — Stille — siehst du dort nicht jemand durch den Wald kommen? — itzt bückt er sich — er kommt näher — zum Element, ein Reisender! ich will auf ihn zugehen.

(sie stehen alle auf)

Jürge.

Bliß und der Hagel! der muß brav Geld haben! denn er hat eine Mordmaschine an der Seite.

Vierter Auftritt.

Die Vorigen, von Wohlgemuth.

Jürge.

(springt zum Wohlgemuth, und tritt voller Furcht wieder zurück)

Halt! wer bist du?

Wohlgemuth.

(kniet ängstlich und zitternd nieder, und singt)

Ach, ich bitte, meine Herren,
Schenket mir das Leben doch.

Mathias.

Denkst denn du wir sind hier Narren?
Nein, wir ziehn die Sayten hoch!

Wohlgemuth.

Ach! habt doch mit mir Erbarmen!

Denn

Denn ich hab' kein Geld bey mir!

Jürge.

Was schlägst du denn gleich für Lärmen?
Stößt und schlägt man denn nach dir?

Mathias.

Was kost deine Mordmaschine,
Die du an der Seite trägst?

Wohlgemuth.

Nichts als eine gute Miene,
Die du mir zum besten legst.

Jürge.

(setzt ihm furchtsam die Pistole auf die Brust)

Machst du bald, wir haben selber,
Mit dir kein Erbarmen mehr!

Wohlgemuth.

Lieber Gott! ich bin ein Schneider —
Laßt mich doch, ich bitte sehr.

(sie springen alle über ihn her.)

Gretchen.

(sie erkennet ihren Bruder.)

Halt! halt! habe ich befohlen,
Daß dem Mann kein Leid geschech';
Gleich sollt ihr den Wein her holen!

(zu ihren Bruder)

Bist du nicht aus Riedelsee?

Wohlgemuth.

In dem großen Schloß, am Ende,
Wohnt mein Vater neunzehn Jahr;
Das ihm durch die Landesstände,
Aus viel Gnad' geschenket war.

Grätchen.

War dein Vater kein Franzose?
Der wie viel vertrieben ward?
Kennst du diese schlechte Dose?
Und ein Bild von dieser Art?

Wohlgemuth.

(umarmt seine Schwester)

O! meine liebe Schwester!

Grätchen.

Mein Bruder!

Mathi:

Mathias.

(zum Jürge)

Du, wie sind schon wieder um 'n Mayn stärker geworden.

Jürge.

Groß genug ist er; aber er muß nicht viele Kräfte haben, weil er 'n Schneider ist.

Gretchen.

Und unsre Mutter, mein Bruder —

Wohlgemuth.

Wo ist sie, liebste Schwester?

Gretchen.

Hier! —

Wohlgemuth.

(mit einer zärtlichen Umarmung)

A, meine Mutter! (er stutzt) Aber, welch ein Anblick! Mein Gott! wie kommen Sie in eine solche Verlegenheit? in diesen Umständen? — Wo ist denn mein Vater?

Anne.

(weinend)

Gestorben, mein Sohn! Und der unglückselige Augenblick war auch unser Ruin. Der Graf hatte

als

als wenn es verabredet war, deines Vaters Sterbstunde abwarten lassen: kaum war er verschieden, stürmten die Schergen herein und versiegelten alles, was im Schlosse befindlich war; man ließ uns nichts mehr, als was wir am Leibe hatten, und so mußten wir arm und elende den Ort verlassen, wo wir alles in allen waren.

Wohlgemuth.

Der Bösewicht! und wie lange sind sie vom Hause weg?

Anne.

Ohngefehr ein halbes Jahr. Die Armuth drückte uns so, daß wir genöthiget wurden, uns mit diesen Leuten zu vereinigen. Wir leben Tag und Nacht im Walde, von dem, was wir von vornehmen Leuten gewinnen; und was übrig bleibt, theilen wir unter uns. Wir lassen einen jeden leben, und begnügen uns mit dem, was wir erhaschen.

Jürge.

Das ist wahr, mein Herr! mit Erlaubniß ein Wörtchen darein zu sprechen: Wenn sie nicht der Sohn unserer Mutter Anne, und der Bruder von Kretchen gewesen wären, so hätten wir, mit Erlaubniß, genomnommen, was wir gefunden hätten, und wären unsern Weg tiefer in den Wald marschirt.

Wohlgemuth.

Verzeiht mir eine Frage, meine Freunde: Wenn man euch eine Gelegenheit zeigte, wie ihr euch von eurem Stand befreyen könntet, würdet ihr wohl zurück treten? Ich will nicht hoffen, daß der Fluch, der auf euern Gewerbe ruhet, euere Herzen verhärtet hat.

Mathias.

Wer wird nicht gutwillig zurücktreten, mein Herr, wenn man seine Speise ohne Furcht genießen kann? — Wenigstens ich sehne mich herzlich darnach; und ich glaube, daß ein jeder meinem Beyspiel folgen wird.

Wohlgemuth.

Gut, mein Herr. (zu allen) Erinnert mich ja, wenn ich ja darauf vergessen sollte, auf einen Raub von funfzigtausend Thaler. — Ich bin aus einer Familie, wenn meine Mutter oder Schwester es euch noch nicht gesagt haben, der bekannten vertriebenen Franzosen. — Das Verbrechen, um dessentwillen wir vertrieben wurden, war, daß wir einer andern Lehre zugehörten. (zum Mathias) Verzeihen sie, mein Herr, daß ich mich vorzüglich zu ihnen wende: ihre Kleidung, ihre Art im Umgange, läßt mich muthmassen, daß sie ein unverdorbenes Herze haben; und nicht zu dem Stand, darinn ich sie erblicke, gebohren sind. Reden sie offenherzig, und ohne allen Rückhalt mit mir. Entdecken sie mir ihr Geheimniß; es wird sie nicht reuen, mich als ihren Freund angenommen zu haben.

Mathias.

Sie fordern viel, mein Herr. Doch ihnen ein Genüge zu leisten, sollen Sie's erfahren: Ich bin Handelsmann. Der Stern, der bey meiner Geburt am Firmament gestanden, muß sehr viel Unglück in seinem Raume geschlossen haben; weil ich noch in meinem Leben, bey aller Mühe und Sorgfalt, nicht glücklich war, und all mein Thun und Lassen links gieng. Der letzte Unglücksfall, war der verdrießlichste meines Lebens. Ich sahe in einer Nacht das, was ich mit Kummer und saurem Schweiße erworben hätte, auf einmal, durch einen unglücklichen Brand verzehrt; es blieb mir nichts

übrig

übrig, als das Kleid, womit ich mich zugedeckt hatte. — Stellen sie sich itzt an meine Stelle, und urtheilen sie, wie mir zu muthe war, da ich mich von allem entblößt sahe. Ich hatte kein Geld, wieder neue Waaren zu kaufen, um meinen Handel fortsetzen zu können. Ich sahe mich also aus Mangel der Nahrung genöthigt, mein Brod vor den Thüren zu suchen. Ich kam in eine Hauptstadt, wo man mich deshalben einsetzte; es kam so weit mit mir, daß mir zur Strafe, weil ich gebettelt hatte, der Landesbuchstab auf den Buckel gebrannt werden sollte. — Ich wiedersetzte mich dieser Gewaltthätigkeit mit einem gerechten Eifer, und vertheidigte meine Unschuld. Man schrieb nach dem Orte, wo ich meine Sachen verlohren hatte, und ich mußte vier ganze Wochen in einem Thurn, der nur für Diebe und Mörder bestimmt war, gefänglich sitzen. Endlich kam der Tag meiner Erlösung: Ich ward wie ein Verbrecher aus der Stadt geführt und des Landes verwiesen. Von Verdrießlichkeit hingerissen, wanderte ich in diese Gegend, und traf in der Abenddämmerung, in diesem Walde, diese Leute an. Hungerich war ich: es kostete also wenig Mühe, mich zu bereden, bey ihnen zu bleiben. Der Stand ist hart, ich gestehe es; aber Hunger zu leiden, ist noch härter.

Wohlgemuth.

Sie sind ein Unglücklicher, der Mitleid verdient; und nach gerechten Untersuchungen das Recht hat, einen Armen, der mehr als sie besitzt, die Speise zu rauben, daß sie sich sättigen können. Aber das Unternehmen, Zeit seines Lebens ein Bösewicht zu seyn, ist höchst strafbar, und verdient kein Mitleid. (zum Jürge) Und sie, mein Herr? —

Jürge.

Ich? — ich? —

Wohlgemuth.

Ja, sie! Warum stocken sie?

Jürge.

Stocken? — daß ich nicht wüßte. — Mit Erlaubniß zu reden — wir sollten dieselben ja an gewisse fünfzigtausend Thaler erinnern?

Wohlgemuth.

Diese haben noch Zeit. Haben sie die Güte, aber gerne müssen sie es thun, und erzählen sie mir doch, wie sie zu dieser honetten Gesellschaft

ge-

gekommen sind. Sie werden vermuthlich der Stifter seyn?

Jürge.

Zu dienen, zu dienen, mit Erlaubniß zu erzählen: Ich war vor Zeiten ein Candidatus Theologiä, der sich in seiner Jugend mit einem Frauenzimmer vergangen hat. Man schrieb dieses Vergehen auf alle Universitäten, in alle Städte, daß dadurch auf einmal meine Beförderung aufhörte. Wo ich hinkam und mich auf der Kanzel hören lassen wollte, war ich schon beschrieben. Ich wußte also, weil ich mir schon viele Mühe, eine Hofmeistersstelle zu erhalten, gegeben hatte, kein andres Mittel zu ergreifen, als mich in den Stand zu setzen, darinn ich schon mit der vollkommensten Ehre und wahrer Menschenliebe über fünf und dreyßig Jahre mit allem Vergnügen lebe.

Wohlgemuth.

Sie haben ohne Zweifel in der langen Zeit zimlich vieles erfahren?

Jürge.

Ja wohl, ja wohl! mit Erlaubniß zu reden: Ich habe manchen den Kopf kürzer machen sehen, machen henken sehen und ihnen eine gute Nacht gegeben.

Wohlgemuth.

Und haben doch keinen Abscheu für den Stand bekommen?

Jürge.

Nein, mit Erlaubnüß meiner Offenherzigkeit: Ich war so hart, wie ein Felsen! Ich machte, mit Erlaubniß meiner Schaamhaftigkeit immer, wenn meine Brüder gefänglich eingezogen wurden, daß ich mich abseits schleichen konnte.

Wohlgemuth.

Daran thaten sie wohl. Sie liebten gewiß das Sprichwort nicht: Mit gefangen, mit gehangen.

Jürge.

Nein, mein werther Herr, nein, das liebte ich nicht, denn sonst — mit Erlaubnüß, weil sie zu weit in Texte, kommen — wäre mein einziger und bester Hals verlohren gewesen.

Wohlgemuth.

Wissen sie denn, daß sie gar nicht zu beklagen

gewesen wären, wenn sie ihren Kopf verlohren hätten? Sie haben studiert, und noch dazu, wie sie selbst sagen, die Theologie; wußten allso besser als ein andrer Gutes und Böses zu unterscheiden: und doch eilten sie mit Riesenschritten, dem Stand, der nichts als Laster gebärt, entgegen. Pfui, schämen sie sich! dem Stand, wofür die ganze Menschheit zittert, bedienen sie mit Frohlocken? — Jedermann würde ihnen als Schulmeister Nahrung gegeben haben, wenn sie sich darum beworben hätten. Das Vergehen, mit einem Frauenzimmer, ist verzeihlich. (zum Kaspar) Und sie, mein Herr! — Ich wünsche, daß ihre Jugend noch keinen Antheil an dem Laster hat.

Gretchen.

Nein, mein Bruder; ich liebe ihn auch deshalb denn er ist ein Unglücklicher, an dessen Zufall blos die Mutter schuld ist. Er tödtete seinen Hofmeister, da er mit seiner Mutter ein Laster begehen wollte,

Wohlgemuth.

Wie? Sie sind also der, von dem man vor sechs Wochen so stark in den Zeitungen schrieb?

Kaspar.

Ja, mein Herr, der bin ich; und ich hoffe zugleich, sie werden mich in der Liebe mit ihrer unvergleichlichen Schwester unterstützen.

Wohlgemuth.

Sind sie es denn zufrieden, Mama?

Anne.

Ja, mein Sohn; er liebt sie und sie liebt ihn.

Wohlgemuth.

Umarmen sie mich, mein Freund. Sie sind in meinen Augen verehrungswürdig! Eine Begierde die Laster gebärt, muß bestraft werden. Den einen schickten sie durch ihr edles Betragen zur Hölle; und ihre Mama schützten sie für einem Verbrechen. Ja, sie sollen meine Schwester haben. Wenn ich mich besinne, so glaube ich auch ihren Namen gelesen zu haben; allein es hat Zeit bis wir dort sind, wo wir seyn wollen! Kommt, meine Freunde, kommt mit mir nach dem Orte, der euch allen zur Nahrung dienen soll; es ist besser als der einstens am Galgen zu sterben. — Der Stand eines Räubers ist der gefährlichste, der nur

in

ist der Welt zu finden ist: Heute lebt er in der größten Wollust, und morgen überhäuft man ihn mit Schande und Verachtung. Fliehet also eine Wüste, wo Grauen und Schrecken ihren Sammelplatz haben, und lebt an einem andern Orte glücklich und zufrieden.

Gretchen.

Wie, Bruder! versteh' ich recht?

Wohlgemuth.

Ja, meine Liebe — wir sind nicht so arm wie du glaubst; Alle Güter, die uns von den Landständen gegeben, und von dem Grafen mit Gewaltthätigkeit entrissen worden, gehören uns als ein beständiges Eigenthum.

Anna.

Uns, mein Sohn?

Wohlgemuth.

Ja, liebste Mutter! Der Schultheiß schrieb mir, was der Graf nach Absterben meines Vaters mit unsern Gütern im Sinne hatte. Er schrieb mir, daß er krank war, aber nicht, daß sehr gefährlich sey; und er gab mir den guten Rath, daß ich mich in Ansehung der Güter an unsern Fürsten wenden sollte. Ich that es; und wie dieser Herr nun weise und gerecht in allen Handlungen ist, sprach er: „Mein Sohn — die Gesetze „meines Vaters sind mir nicht minder heilig als „meine eigene, Die Güter, die mein Vater euch „hat durch die Landstände auf Kind und Kindes„kinder geben lassen, sollen euch zum Eigenthum „bleiben. Uebermorgen geht zu dem Grafen Stern„hell, und laßt euch die Ausfertigung geben; eu„ren Grafen sollen die Verhaltungsbefehle auch „gegeben werden, noch früher, ehe ihr zu ihm „kommt. — Gehabt euch wohl, sprach dieser gro„ße Fürst, und gab mir diese Geldbörse.

Jürge.

Aber, mit Erlaubniß zu reden, wohin sind denn die funfzigtausend Thaler auf einmal gekommen?

Wohlgemuth.

Hier auf diesem Papier, sind sie, mein Freund.

Jürge.

Per aurum & argentum, das ist was anders

Wohlgemuth.

Es soll euch allen Nutzen bringen; aber ihr müßt euch auch dankbar bezeigen.

Chor.

O heiterer Morgen,
O frölisches Glück!
Nun fliehen die Sorgen,
Und unser Geschick
Verschwindet. Ihr Grillen genießet die Ruh';
Dann lächelt der Abend uns huldreicher zu.

Kaspar.

Störest du auch meine Triebe,
Die ich zu der Schwester hab'?
Wünschest du, daß ich sie liebe,
Und mich mit den Reizen lab',
Die aus ihren Augen stralen,
Weit entfernt von frechem Sinn?
So sag' ich zu tausendmalen,
Daß ich froh und glücklich bin.

Chor.

O heiterer Morgen, rc.

Gretchen.

Komm, o Bruder! fühl die Freude;
Die mein ganzes Herz erfüllt:
Du befrey'st uns alle beyde
Von dem Gram der uns umhüllt;
Ich verehrte, den ich liebe,
Mit der reinsten Zärtlichkeit.
Durch die feuerreinsten Triebe,
Hat sich ihm mein Herz geweyht!

Chor.

O heiterer Morgen, rc.

Wohlgemuth.

Nichts an deinem Glück zu mindern,
Gebe ich das Ja dazu,
Und die Liebe nicht zu hindern,
Wünsche ich in süßer Ruh',
Diese Zärtlichkeit zu feyren;
Durch ein förmlichs Eheband,
Wirst du allen Unmuth steuren,
Der sich hat zu dir gewand.

Chor.

O heiterer Morgen, rc.

Philipp.

Philipp.

Wenn man mir will Leder borgen,
Dann nehm' ich die Leist zur Hand,
Arbeite mit Müh' und Sorgen,
Und mach' es der Welt bekannt:
Daß ich gute Schuh kann machen
Und des Handwerks Meister bin.
Sind das nicht recht gute Sachen,
Wenn ich lebe vom Gewinn?

Chor.

O heiterer Morgen,
O frölicher Glück! ꝛc.

Mathias.

Ich kann, ohne Ruhm zu sagen,
Schießen, wie der beste Mann;
Und das Wild zusammen jagen,
Daß es nicht mehr laufen kann:
Hirsche, Rehe, Hasen, Füchse,
Gänse, Enten, Auerhahn,
Treffe ich mit meiner Büchse,
Wie ein rechter Weidemann.

Chor.

O heiterer Morgen, ꝛc.

Hans.

Und ich kann den Garten zieren;
Mit der Scheer, wie ein' Allee;
Und die schönste Blume schmieren,
Daß sie nicht so früh' vergeh':
Rosensprossen, Apfelstammen,
Pfropfe ich zur Lust und Freud,
Beyde Theile recht zusammen,
Ohne Widerwärtigkeit.

Chor.

O heiterer Morgen, ꝛc.

Jürge.

Kann ich nicht ein Küster werden?
Singen kann ich vogelhell;
Denn ich will mich recht geberden,
Wenn ich mich am Alter stell':
Alle Menschen müssen singen,
Wie die beste Nachtigall;
Und es soll recht lieblich klingen,
Durch den starken Wiederhall.

Chor.

O heitrer Morgen,
O frölliches Glück!
Nun fliehen die Sorgen,
Und unser Geschick
Verschwindet. Ihr Grillen genißet die Ruh':
Dann lächelt der Abend uns huldreicher zu.

Ende des Vorspiels.

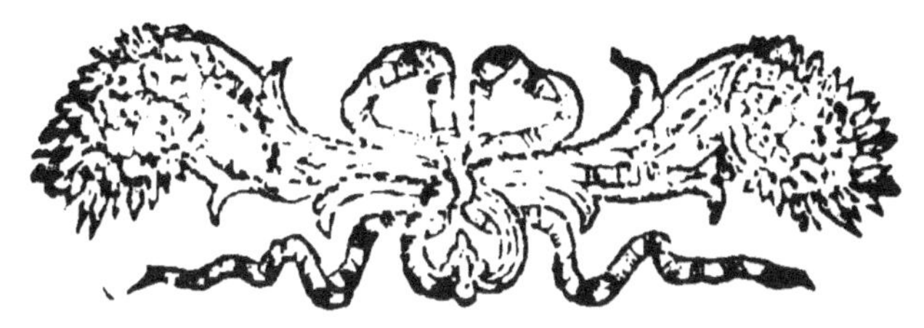

Vorrede.

Die Schauspielkunst hat sich bisher immer in ihren gegründeten Werth erhalten, und ihr Recht behauptet, was der grosse König der Preussen, **Friedrich, der Unsterbliche**, an sein neuerbautes Komödienhaus in Berlin schreiben ließ: ridendo corriguntur mores: auf eine scherzhafte oder spöttische Art und im lachenden Ton werden im Schauspielhause die Sitten der Menschen gebessert.

Vorrede.

Freilich ist es an und für sich etwas unerlaubtes und strafbares, über lasterhafte oder tadelhafte Sitten der Menschen zu lachen; indessen sind die Mittel der woralischen Zurechtbringung fehlervoller Menschen so manichfaltig, und müssen oft eine so sonderbahre Wendung nehmen, daß man den einen durch eine lächerliche Darstellung seiner Fehler, oder Untugenden, in Gegenwart vieler anderer seiner Nebenmenschen wieder auf den rechten Weg bringt und zu einen bessern Verhalten bewegt, den man durch die ernsthaftesten und nachdrüklichsten Vorstellungen nicht würde zur Aenderung seines Sinnes und Lebens vermocht haben: —

Die Schauspiele, welche man hiermit zusammen heraus giebt, haben, so viel

wir

wir wissen, den Beyfall des Publikums, vor welchem sie aufgeführt wurden, und auch den Beyfall der lesenden und urtheilenden Welt erhalten. Es sind nämlich folgende in der Zeitordnung, in welcher sie aufgeführt worden sind. 1) Die Räuber im Walde, ein Vorspiel mit Gesang. 2) Der Hochverrath, oder die Familienankunft aus dem Walde. 3) Wind und Wetter, oder Julie auf der Insel Thamos, ein Trauerspiel in zwey Aufzügen. 4) Sainwille, oder: wie die Thaten, so der Lohn. Ein Trauerspiel in 5. Aufzügen. 5) Grünewald Skeiz, ein Lustspiel in einem Aufzuge. 6) Alles, was recht ist, ein Lustspiel in drey Aufzügen. 7) Der Mißverstand, oder: Die wiedergefundene Tochter. Ein

Trauerspiel in drey Aufzügen. 8) Der funfzigjährige Geburtstag.

Dies ist kürzlich das Verzeichniß der Schauspiele, welche wir hiermit dem geneigten Publikum übergeben, in der Hofnung, daß unsre Bemühung, sie auf diese Art bekannter, und eben dadurch, da ihr Hauptzweck nicht blos Zeitvertreib, sondern Sittenbesserung ist, immer gemeinnütziger zu machen, uns nicht fehlschlagen wird. —

Am Ende ist es freylich immer keine Kleinigkeit, wie man sich die Zeit vertreibt. Aber freylich sind die Zeitverkürzungen nicht alle von einerley Art, und wenn sie

doch

doch nur alle so unschuldig und für das menschliche Wohl so wenig nachtheilig wären, als die Zeitverkürzungen im Schauspielhause; so würde kein strenger Moralist es wagen, das Besuchen der Komödien zu tadeln. Und da die mehrsten unsrer heutigen Schauspieler sich eines ordentlichen gesitteten Wandels befleißigen, da sie ihr ganzes Talent auf die bestmöglichste Ablegung ihrer Rollen verwenden, und oft den Zuschauer, der nicht leichtsinnig ist, sonderlich in gut ausgearbeiteten Trauerspielen, worinn das menschliche Elend auf verschiedene Seiten vorgestellet wird, bis zu den empfindsamsten Thränen rühren, — warum sollte das gemeine Sprich-

wort

wort nicht Grund haben, daß ein gutes Schauspiel, sey es Komödie, oder Tragedie, oft besser ist, und auf das Gemüth der Menschen mehr Eindruck macht, als eine schlechte Predigt.

www.ingramcontent.com/pod-product-compliance
Lightning Source LLC
Chambersburg PA
CBHW031819090426
42739CB00008B/1345

* 9 7 8 3 7 4 3 4 3 7 6 8 5 *